Low-Carb Brot und Brötchen Rezepte für den Thermomix TM5 und TM31

Brotbackbuch für Brotrezepte, Brotaufstriche und Dips (fast) ohne Kohlenhydrate

Mit dem Diät Backbuch kohlenhydratarm, weizenfrei backen und Abnehmen

Johanna Krüger

Bibliografische Information der Deutschen Nationalbibliothek:
Die Deutsche Nationalbibliothek verzeichnet diese Publikation in der
Deutschen Nationalbibliografie; detaillierte bibliografische Daten
sind im Internet über http://dnb.dnb.de abrufbar.

2. Auflage 2017
Cover-Titelbild: ©[noirchocolate]/123rf.com
Copyright © 2017 Johanna Krüger
Alle Rechte vorbehalten

Herstellung und Verlag: BoD – Books on Demand, Norderstedt
ISBN 9783744816175

Inhaltsverzeichnis

VORWORT

Bei einer Low-Carb-Diät dürfen Kohlenhydrate nur in geringen Mengen auf dem Speiseplan stehen, deshalb ist konventionelles Brot weitestgehend tabu. Aber auch bei einer kohlenhydratarmen Ernährung muss nicht auf leckere Backwaren verzichtet werden. Brot selber zu backen hat den Vorteil den genauen Anteil an Kohlenhydraten zu kennen, damit eine Diät auch erfolgreich ist.

In diesem Rezeptbuch finden Sie abwechslungsreiche und einfache Brot-Rezepte, feine Dips und Brotaufstriche mit wenig Kohlenhydraten.

Die Rezepte sind geeignet für den Thermomix TM31 und TM5* - *Bei der Bezeichnung „Thermomix" handelt es sich um eine geschützte Marke der Firma Vorwerk (CH).

Hinweis:

Jede Art von Diät sollte vorher mit einem Arzt besprochen werden.

Low-Carb Brot-Rezepte

Käse-Sesam-Stangen

Pro Stück ca.: 73 kcal, 1,7 g Kohlenhydrate

Zutaten für ca. 20 Stück:
140 g Sesammehl
140 g Leinsamenmehl
3,5 g Backpulver
50 g Gouda, gerieben
1 TL Salz
280 g warmes Wasser
2 EL Olivenöl
1 Ei
5 EL Sesamsamen zum Bestreuen

Zubereitung:
Den Backofen auf 200 °C (Umluft 180 °C, Gas Stufe 4) vorheizen.

Mehl, Backpulver, Gouda und Salz in den Mixtopf geben und 1 Min. / Stufe 4 verrühren.

Wasser und Öl zugeben und 3 Min. / Teigstufe kneten.

Den Teig in 20 Stücke teilen, zu ca. 20 cm langen Stangen rollen und auf ein mit Backpapier ausgelegtes Backblech legen.

Mit einem Messer kleine Schnitte in die Stangen schneiden.

Zum Bestreichen das Ei trennen, Eiweiß verquirlen, die Stangen mit dem Eiweiß bepinseln und mit Sesamsamen bestreuen.

Im vorgeheizten Backofen ca. 15 Min. backen.

Low-Carb-Mini-Brezeln

Pro Stück ca.: 198 kcal, 3,4 g Kohlenhydrate

Zutaten für ca. 25 Stück:
200 g Kürbiskerne
450 g Mandeln
100 g Johannisbrotkernmehl
520 g Magerquark
8 Eier
2 TL Backpulver
2 TL Salz
Außerdem:
1,5 L Wasser
2 EL Haushaltsnatron (z. B. Kaiser-Natron)
6 EL grobe Salzkörner zum Bestreuen

Zubereitung:
Den Backofen auf 175 °C (Umluft 155 °C, Gas Stufe 2) vorheizen.

Die Kürbiskerne in den Mixtopf geben und 20 Sek. / Stufe 10 fein mahlen und umfüllen.

Die Mandeln in den Mixtopf geben und 30 Sek. / Stufe 10 fein mahlen.

Die restlichen Zutaten und die gemahlenen Kürbiskerne zugeben und 3 Min. / Teigstufe kneten.

Den Teig in 25 Stücke teilen, ausrollen (in der Mitte etwas dicker) und zu kleinen Brezeln formen.

Wasser in einem Topf aufkochen, vom Herd nehmen, Haushaltsnatron vorsichtig einrühren, die Brezeln damit dünn bestreichen und mit groben Salzkörnern bestreuen.

Im vorgeheizten Backofen ca. 15 Min. goldbraun backen.

Schnelles Low-Carb-Kastenbrot (Basisrezept)

Pro Scheibe ca.: 83 kcal, 1,3 g Kohlenhydrate

Zutaten für 1 Kastenform (ca. 20 cm Länge), ca. 15 Scheiben:
125 g Mandeln
4 Eier
200 g Magerquark
3 TL Backpulver
1 TL Brotgewürz

Zubereitung:
Den Backofen auf 175 °C (Umluft 155 °C, Gas Stufe 2) vorheizen.

Die Mandeln in den Mixtopf geben und 30 Sek. / Stufe 10 fein mahlen.

Die restlichen Zutaten zugeben und 3 Min. / Teigstufe kneten.

Den Teig in eine gefettete Kastenform füllen und im vorgeheizten Backofen ca. 35 Minuten backen.

Schinken-Baguettebrötchen

Pro Brötchen ca.: 318 kcal, 6,9 g Kohlenhydrate

Zutaten für ca. 10 Stück:
60 g Paranüsse
60 g Leinsamenmehl
80 g Haferkleie
60 g Eiweißpulver
2 TL Salz
2 TL Backpulver
400 g Crème fraîche
100 g Brie
6 Eier
80 g Schinken, gewürfelt

Zubereitung:
Den Backofen auf 180 °C (Umluft 160 °C, Gas Stufe 3) vorheizen.

Paranüsse in den Mixtopf geben und 5 Sek. / Stufe 5 hacken und umfüllen.

Leinsamenmehl, Haferkleie, Eiweißpulver, Salz und Backpulver in den Mixtopf geben und 5 Sek. / Stufe 8 verrühren.

Crème fraîche, Brie und Eier zugeben und 3 Min. / Teigstufe kneten.

Paranüsse und Schinken zufügen und 1 Min. / Teigstufe kneten.

Den Teig in 10 Stücke teilen und zu kleinen Baguettebrötchen formen.

Im vorgeheizten Backofen ca. 25 Min. backen.

Grill-Brötchen

Pro Brötchen ca.: 308 kcal, 15 g Kohlenhydrate

Zutaten für ca. 4 Brötchen:
1 Zweig Rosmarin
40 g Mandeln
2 Eier
175 g Magerquark
40 g Leinsamen (geschrotet)
40 g Eiweißpulver
2 TL Backpulver
1 Prise Salz
20 g Weizenkleie
50 g getrocknete Tomaten
50 g Röstzwiebeln

Zubereitung:
Den Backofen auf 175 °C (Umluft 155 °C, Gas Stufe 2) vorheizen.

Rosmarin abspülen, trocken tupfen, die Nadeln vom Stängel zupfen, in den Mixtopf geben und 15 Sek. / Stufe 10 zerkleinern und umfüllen.

Die Mandeln in den Mixtopf geben und 30 Sek. / Stufe 10 fein mahlen und umfüllen.

Eier und Quark in den Mixtopf geben und 30 Sek. / Stufe 5 verrühren.

Mandeln, Rosmarin und die restlichen Zutaten in den Mixtopf geben und 3 Min. / Teigstufe kneten.

Den Teig zu Brötchen formen und auf ein mit Backpapier belegtes Backblech legen.

Im vorgeheizten Backofen ca. 25 Minuten backen.

Möhren-Pinienkern-Semmeln

Pro Semmel ca.: 351 kcal, 9,7 g Kohlenhydrate

Zutaten für ca. 7 Stück:
1/2 Bund Petersilie
150 g Möhren
75 g Butter, weich
175 g Magerquark
1 Ei
1 Prise Salz
350 g Mandelmehl
2 TL Backpulver
50 g Pinienkerne

Zubereitung:
Den Backofen auf 175 °C (Umluft 155 °C, Gas Stufe 2) vorheizen.

Petersilie waschen, trocken schleudern, in den Mixtopf geben und 5 Sek. / Stufe 5 zerkleinern und umfüllen.

Die Möhren waschen, schälen, in den Mixtopf geben und 5 Sek. / Stufe 8 raspeln.

Weiche Butter, Quark, Eier, Salz in den Mixtopf dazugeben und 30 Sek. / Stufe 5 verrühren.

Restliche Zutaten zugeben und 3 Min. / Teigstufe kneten.

Den Teig in 7 Stücke teilen, zu Semmeln formen und auf ein mit Backpapier belegtes Backblech setzen.

Im vorgeheizten Backofen ca. 50 Min. backen.

Fruchtiger Osterzopf

Pro Scheibe ca.: 191 kcal, 8,3 g Kohlenhydrate

Zutaten für 1 Zopf:
70 ml Milch
100 g Butter, weich
70 g Xucker
1/2 Würfel Hefe
350 g Mandelmehl
150 g Kokosmehl
2 Eier
250 g Magerquark
Schale von 1/2 unbehandelten Orange
Mark einer Vanilleschote
1/2 TL Salz
50 g Rosinen
Außerdem:
1 Eigelb zum Bestreichen
80 g Mandelblättchen

Zubereitung:
Den Backofen auf 180 °C (Umluft 160 °C, Gas Stufe 3) vorheizen.

Milch, Butter und Xucker in den Mixtopf geben, 2 Min. / 37 °C / Stufe 1 erwärmen.

Restliche Zutaten zugeben und 3 Min. / Teigstufe kneten. Teig abgedeckt ca. 40 Minuten gehen lassen.

Den Teig in 3 Stücke teilen und daraus einen Zopf flechten. Die Teigenden unter den Zopf einschlagen und auf ein mit Backpapier belegtes Backblech legen.

Mit dem verquirlten Eigelb bestreichen und mit Mandelblättchen bestreuen.

Im vorgeheizten Backofen ca. 40 Minuten backen.

Pikantes Cheddar-Oliven-Brot

Pro Scheibe ca.: 153 kcal, 2,2 g Kohlenhydrate

Zutaten für 1 Kastenform (ca. 25 cm Länge)
1 Zweig Rosmarin
80 g schwarze Oliven
100 g Cheddar
125 g Walnussmehl
100 g Mandelmehl
160 g Buttermilch
3 Eier
1 TL Salz
100 g Olivenöl
3 TL Backpulver
1 Prise Pfeffer
1/2 EL Thymian, gerebelt

Zubereitung:
Den Backofen auf 190 °C (Umluft 170 °C, Gas Stufe 3) vorheizen.

Rosmarin abspülen, trocken tupfen, die Nadeln vom Stängel zupfen, in den Mixtopf geben und 15 Sek. / Stufe 10 zerkleinern und umfüllen.

Oliven entsteinen, in den Mixtopf geben und 5 Sek. / Stufe 5 zerkleinern und umfüllen.

Cheddar in den Mixtopf geben und 5 Sek. / Stufe 6 zerkleinern und umfüllen.

Mehl, Buttermilch, Eier, Salz, Olivenöl, Backpulver in den Mixtopf geben und 3 Min. / Teigstufe kneten.

Rosmarin, Oliven, Cheddar und Gewürze zugeben und 15 Sek. / Teigstufe untermischen.

Den Teig in eine gefettete Kastenform füllen und im vorgeheizten Backofen ca. 45 Minuten backen.

Salami-Pizza-Brötchen

Pro Brötchen ca.: 164 kcal, 2,4 g Kohlenhydrate

Zutaten für ca. 15 Stück:
100 g Salami
80 g Parmesan
300 g Sojamehl
10 g Backpulver
1 TL Basilikum, gerebelt
1 TL Oregano, gerebelt
250 g Magerquark
40 g Sojamilch
50 g Olivenöl
100 g Pizzatomaten

Zubereitung:
Den Backofen auf 175 °C (Umluft 155 °C, Gas Stufe 2) vorheizen.

Salami in den Mixtopf geben und 10 Sek. / Stufe 5 zerkleinern und umfüllen.

Parmesan in den Mixtopf geben und 15 Sek. / Stufe 7 zerkleinern und umfüllen.

Sojamehl, Backpulver, Parmesan, Basilikum und Oregano in den Mixtopf geben und 1 Min. / Stufe 4 verrühren.

Magerquark, Milch und Olivenöl zugeben und 3 Min. / Teigstufe kneten. Salami und Pizzatomaten zugeben und 15 Sek. / Teigstufe untermischen.

Den Teig in 15 Stücke teilen, zu Brötchen formen und auf ein mit Backpapier belegtes Backblech legen.

Im vorgeheizten Backofen ca. 25 Minuten backen.

Kokos-Ingwer-Brot

Pro Scheibe ca.: 162 kcal, 2,7 g Kohlenhydrate

Zutaten für 1 Kastenform (ca. 25 cm Länge):
80 g Butter, weich
2 Eier
275 g Kokosmilch
2 TL gemahlener Ingwer
Mark einer Vanilleschote
die Schale einer Bio-Orange
160 g Kokosmehl
200 g Mandelmehl
2 TL Backpulver
120 g Kokosraspeln
1/2 TL Salz

Zubereitung:
Den Backofen auf 175 °C (Umluft 155 °C, Gas Stufe 2) vorheizen.

Butter, Eier Kokosmilch, Ingwer, Mark der Vanilleschote und Schale der Bio-Orange in den Mixtopf geben und 30 Sek. / Stufe 5 verrühren.

Mehl, Backpulver, Kokosraspeln und Salz in den Mixtopf geben und 3 Min. / Teigstufe kneten.

Teig in eine gefettete Kastenform füllen und im vorgeheizten Backofen ca. 1 Std. backen.

Knusper-Knäckebrot

Pro Scheibe ca.: 82 kcal, 2,7 g Kohlenhydrate

Zutaten für ca. 16 Stück:
40 g Sesamsaat
80 g Sonnenblumenkerne
2 Eier
1 TL Salz
1 TL Kümmel
1 TL Basilikum, gerebelt
80 g Leinsamen, geschrotet
Außerdem:
Sesam zum Bestreuen

Zubereitung:
Den Backofen auf 175 °C (Umluft 155 °C, Gas Stufe 2) vorheizen.

Sesamsaat in den Mixtopf geben und 5 Sek. / Stufe 6 schroten und umfüllen.

Sonnenblumenkerne in den Mixtopf geben und 10 Sek. / Stufe 10 mahlen. Geschroteter Sesam und die restlichen Zutaten in den Mixtopf geben und ca. 1 Min. / Stufe 4 verrühren. Evtl. Wasser zufügen.

Die Masse auf ein mit Backpapier belegtes Backblech gleichmäßig verstreichen, mit Sesam bestreuen und in Knäckebrot-Stücke schneiden.

Im vorgeheizten Backofen ca. 25 Minuten backen.

"Oopsies" Mini-Kräuter-Fladen

Pro Fladen ca.: 33 kcal, 0,73 g Kohlenhydrate

Zutaten für ca. 16 Stück:
1/2 Bund Thymian
1 Zweig Rosmarin
1 Bund Petersilie
4 Eier
2 Prisen Kräutersalz
200 g Kräuterfrischkäse
1 Msp. Backpulver

Zubereitung:
Den Backofen auf 175 °C (Umluft 155 °C, Gas Stufe 2) vorheizen.

Die Kräuter waschen, trocken schütteln, Nadeln und Blätter abzupfen, (etwas Petersilie beiseitelegen) in den Mixtopf geben und 3 Sek. / Stufe 8 zerkleinern und umfüllen.

Rühraufsatz einsetzen. Die Eier trennen, das Eiweiß mit einer Prise Kräutersalz in den fettfreien Mixtopf geben und ca. 3 Min. / Stufe 4 steif schlagen und umfüllen. Rühraufsatz entfernen.

Kräuterfrischkäse, Eigelb, Backpulver, eine Prise Kräutersalz und Kräuter in den Mixtopf geben und 30 Sek. / Stufe 4 verrühren. Den Eischnee vorsichtig unterheben.

Mit dem Esslöffel aus dem Teig kleine Fladen formen und auf ein mit Backpapier belegtes Backblech setzen.

Im vorgeheizten Backofen ca. 20 Minuten backen. Mit restlicher Petersilie bestreuen.

Rosmarin-Zaziki-Brot

Pro Scheibe ca.: 275 kcal, 3,4 g Kohlenhydrate

Zutaten für 1 Kastenform (ca. 20 cm Länge):
1 Zweig Rosmarin
500 g Mandeln
4 Eier
200 g Zaziki
60 g Olivenöl
1 TL Salz
1 TL Backpulver

Zubereitung:
Den Backofen auf 180 °C (Umluft 160 °C, Gas Stufe 3) vorheizen.

Rosmarin waschen, Nadeln abzupfen, in den Mixtopf geben und 3 Sek. / Stufe 8 zerkleinern und umfüllen.

Die Mandeln in den Mixtopf geben und 30 Sek. / Stufe 10 fein mahlen.

Rosmarin und die restlichen Zutaten in den Mixtopf geben und 3 Min. / Teigstufe kneten.

Teig in eine mit Backpapier ausgelegte Kastenform füllen und im vorgeheizten Backofen ca. 45 Min. backen.

Weihnachtlicher Brotkranz

Pro Scheibe ca.: 190 kcal,   3 g Kohlenhydrate

Zutaten für 1 Brotkranz:
100 g Haselnüsse
400 g Mandeln
40 g Flohsamenschalenpulver
2 TL Salz
1 TL Zimt
1 TL gemahlene Nelken
Mark einer Vanilleschote
1/2 EL gemahlener Anis
1 EL Kakaopulver, ohne Zucker
20 g Backpulver
350 g Wasser
6 Eiweiß
Außerdem:
1 Ei
50 g Mandeln, gehackt

Zubereitung:
Den Backofen auf 180 °C (Umluft 160 °C, Gas Stufe 3) vorheizen.

Haselnüsse 3 Sek. / Stufe 6 hacken und umfüllen.

Die Mandeln in den Mixtopf geben und 30 Sek. / Stufe 10 fein mahlen.

Haselnüsse, Flohsamenschalenpulver, Salz, Zimt, Nelken, Mark einer Vanilleschote, Anis, Kakaopulver und Backpulver in den Mixtopf geben und 1 Min. / Stufe 4 verrühren.

Die restlichen Zutaten in den Mixtopf geben und 3 Min. / Teigstufe kneten.

Aus dem Teig Brötchen formen, die Brötchen in Kranzform zusammensetzen und auf ein mit Backpapier belegtes Backblech legen.

Mit verquirltem Ei bepinseln und mit Mandeln bestreuen.

Im vorgeheizten Backofen ca. 50 Min. backen.

Buttermilch-Bagels

Pro Bagel ca.: 305 kcal, 4 g Kohlenhydrate

Zutaten für ca. 15 Stück:
500 g Mandeln
120 g Leinsamenmehl
30 g Kokosmehl
3 TL Backpulver
4 EL Buttermilch
12 Eier
Außerdem:
Sesam zum Bestreuen

Zubereitung:
Den Backofen auf 180 °C (Umluft 160 °C, Gas Stufe 3) vorheizen.

Die Mandeln in den Mixtopf geben und 30 Sek. / Stufe 10 fein mahlen.

Leinsamenmehl, Kokosmehl und Backpulver in den Mixtopf zufügen und 1 Min. / Stufe 4 verrühren.

Die restlichen Zutaten in den Mixtopf geben und 3 Min. / Teigstufe kneten.

Den Teig in 15 Stücke teilen, zu Kugeln formen. Jeweils mit dem Finger ein Loch in die Mitte drücken und die Bagels mit Sesam bestreuen.

Im vorgeheizten Backofen ca. 20 Min. backen.

Speck-Zwiebel-Ecken

Pro Ecke ca.: 469 kcal, 8,4 g Kohlenhydrate

Zutaten für ca. 7 Stück:
1/2 Bund Schnittlauch
250 g Haselnüsse
250 g Gouda, gerieben
1,5 TL Backpulver
60 g Magerquark
1,5 EL Mayonnaise
3 kleine Eier
1 TL gemahlener Kümmel
50 g Röstzwiebeln
100 g Speckwürfel

Zubereitung:
Den Backofen auf 175 °C (Umluft 155 °C, Gas Stufe 2) vorheizen.

Schnittlauch waschen, trocken schütteln und in Röllchen schneiden.

Die Haselnüsse in den Mixtopf geben und ca. 1 Min. / Stufe 10 fein mahlen.

200 g Gouda und Backpulver in den Mixtopf zufügen und 1 Min. / Stufe 4 verrühren.

Quark, Mayonnaise, Eier, Kümmel und Schnittlauch in den Mixtopf geben und 3 Min. / Teigstufe kneten.

Röstzwiebeln und Speckwürfel zufügen und 1 Min. / Teigstufe kneten.

Den Teig in 7 Stücke teilen, zu Ecken formen, mit dem restlichen Gouda bestreuen und im vorgeheizten Backofen ca. 30 Min. backen.

Low-Carb Brotaufstriche

Bierschinken-Rucola-Aufstrich

Pro Portion ca.: 186 kcal, 4,6 g Kohlenhydrate

Zutaten für ca. 4 Portionen:
1 EL Pinienkerne
1 Bund Rucola
80 g Topinambur
1 Prise Salz
100 g Bierschinken mager, gewürfelt
100 g Crème fraîche
Pfeffer, bunt

Zubereitung:
Pinienkerne in einer Pfanne ohne Fett bei mittlerer Hitze kurz rösten und abkühlen lassen. In den Mixtopf geben und ca. 15 Sek. / Stufe 8 zerkleinern und umfüllen.

Rucola waschen, trocken schütteln und die Blätter fein schneiden.
(1 EL beiseitelegen)

Topinambur waschen, schälen, grob schneiden, zusammen mit Wasser in den Mixtopf geben und ca. 25 Min. / 100° / Stufe 1 kochen.

Mit einer Prise Salz würzen und 30 Sek. / Stufe 4 pürieren.

Bierschinken, Crème fraîche, Rucola, Pinienkerne zufügen und 1 Min. / Stufe 3 verrühren.

Mit Salz und Pfeffer abschmecken, in eine Schüssel füllen und mit dem restlichen Rucola bestreuen.

Eier-Salat mit Krabben

Pro Portion ca.: 292 kcal, 4,5 g Kohlenhydrate

Zutaten für ca. 4 Portionen:
5 Eier
1/2 Bund Schnittlauch
1 Frühlingszwiebel
1 kleine Salatgurke
40 g Mayonnaise
100 g Joghurt, fettarm
400 g Krabben
Salz, Pfeffer

Zubereitung:
Die Eier ca. 8-10 Minuten hart kochen und klein hacken.

Schnittlauch waschen, trocken schütteln und in Röllchen schneiden.

Die Frühlingszwiebel abspülen, putzen, grob zerkleinern, die
Salatgurke schälen und im Mixtopf 5 Sek. / Stufe 5 zerkleinern.

Mayonnaise, Joghurt, Krabben, Salz, Pfeffer, Eier und Schnittlauch
zufügen und im Mixtopf 10 Sek. / Stufe 3 verrühren.

Radieschen-Walnuss-Aufstrich

Pro Portion ca.: 152 kcal, 2,94 g Kohlenhydrate

Zutaten für ca. 4 Portionen:
150 g Radieschen
5 Stiele Thymian
60 g Walnusskerne
150 g Frischkäse
1 EL Petersilie, gehackt
Salz, Pfeffer

Zubereitung:
Die Radieschen waschen, putzen und im Mixtopf 5 Sek. / Stufe 5 zerkleinern und umfüllen.

Thymian abspülen, trocken tupfen und die Blättchen abzupfen. (1 EL beiseitelegen)

Walnusskerne ohne Fett in einer Pfanne bei mittlerer Hitze kurz rösten und abkühlen lassen. Im Mixtopf 6 Sek. / Stufe 8 zerkleinern.

Frischkäse, Petersilie, Radieschen und Thymian zufügen und 30 Sek. / Stufe 3 verrühren.

Mit Salz und Pfeffer abschmecken, in eine Schüssel füllen und mit dem restlichen Thymian bestreuen.

Avocado-Creme mit Paprikawürfeln

Pro Portion ca.: 93 kcal, 4,2 g Kohlenhydrate

Zutaten für ca. 4 Portionen:
1 große, rote, Paprikaschote
1 reife Avocado
2 TL Mayonnaise
1 EL Magerquark
1 TL Senf (zuckerfrei)
1 Spritzer Zitronensaft
Salz, Pfeffer

Zubereitung:
Paprika putzen, waschen und in Stücken im Mixtopf 4 Sek. / Stufe 4 zerkleinern und umfüllen.

Avocado halbieren, Kern entfernen und das Fruchtfleisch in Stücken (1 EL beiseitelegen) im Mixtopf 10 Sek. / Stufe 5 zerkleinern.

Mayonnaise, Quark, Senf, Zitronensaft und Paprika zufügen und 10 Sek. / Stufe 3 verrühren.

Mit Salz und Pfeffer abschmecken, in eine Schüssel füllen und mit den restlichen Avocadostücken garnieren.

Haselnuss-Creme

Pro Portion ca.: 542 kcal, 7,1 g Kohlenhydrate

Zutaten für ca. 4 Portionen:
140 g Haselnüsse
2 EL Kakaopulver (ohne Zuckerzusatz)
Mark einer Vanilleschote
1 Msp. Zimt
140 g weiche Butter
40 g Sahne
5 Tropfen Stevia

Zubereitung:
Die Haselnüsse in den Mixtopf geben und ca. 1 Min. / Stufe 10 fein mahlen.

Kakaopulver, Mark einer Vanilleschote und Zimt zufügen und 10 Sek. / Stufe 3 verrühren.

Die restlichen Zutaten in den Mixtopf geben und ca. 2 Min. / 60° / Stufe 3 cremig verrühren.

Low-Carb Dips

Knoblauch-Kräuter-Dip

Pro Portion ca.: 357 kcal, 3,3 g Kohlenhydrate

Zutaten für ca. 4 Portionen:
1 kleine Salatgurke
1/2 Bund Petersilie
1/2 Bund Schnittlauch
1 Stiel Minze
2 Knoblauchzehen
250 g Feta
250 g Schlagsahne
1/2 TL Zitronensaft
Salz, Pfeffer
Außerdem:
1 Prise Paprikapulver

Zubereitung:
Salatgurke schälen und entkernen, im Mixtopf 3 Sek. / Stufe 5 zerkleinern und umfüllen.

Kräuter waschen und trocken schütteln, Knoblauch schälen und zusammen im Mixtopf 2 Sek. / Stufe 10 zerkleinern.

Gurke und die restlichen Zutaten in den Mixtopf geben und 8 Sek. / Stufe 4 verrühren.

In eine Schüssel füllen und mit Paprikapulver bestreut servieren.

Asiatischer Erdnuss-Dip

Pro Portion ca.: 394 kcal, 2,2 g Kohlenhydrate

Zutaten für ca. 4 Portionen:
15 g Ingwer
1 Knoblauchzehe
1 Msp. Chili Paste
3 EL Erdnussbutter
80 g Sojasauce
150 g Erdnussöl
Außerdem:
1 EL Limonenkresse

Zubereitung:
Ingwer schälen, in Stücken in den Mixtopf geben und 10 Sek. / Stufe 5 zerkleinern und umfüllen.

Knoblauch schälen und im Mixtopf 2 Sek. / Stufe 10 zerkleinern.

Ingwer und die restlichen Zutaten in den Mixtopf zufügen und 8 Sek. / Stufe 4 verrühren.

In eine Schüssel füllen und mit Limonenkresse bestreut servieren.

Hüttenkäse-Meerrettich-Dip

Pro Portion ca.: 143 kcal, 4,86 g Kohlenhydrate

Zutaten für ca. 4 Portionen:
1/2 Bund Schnittlauch
75 g frischer Meerrettich
250 g Hüttenkäse
100 g Magerquark
75 g saure Sahne
1 Spritzer Limettensaft
Salz, Pfeffer

Zubereitung:
Schnittlauch waschen, trocken schütteln und in Röllchen schneiden.
(1 EL beiseitelegen)

Meerrettich waschen, schälen, grob schneiden und im Mixtopf 10
Sek. / Stufe 7 zerkleinern.

Schnittlauch und die restlichen Zutaten in den Mixtopf zufügen und
20 Sek. / Stufe 5 verrühren.

In eine Schüssel füllen und mit dem restlichen Schnittlauch bestreut
servieren.

Macadamia-Peperoni-Orangen-Dip

Pro Portion ca.: 290 kcal, 7,9 g Kohlenhydrate

Zutaten für ca. 4 Portionen:
100 g Macadamianüsse
1 rote Peperoni
1/2 Bund Koriandergrün
1 Knoblauchzehe
Schale von 1/4 unbehandelten Orange
150 g Frischkäse
1 TL Paprikapulver
1 Spritzer Limettensaft
Salz, Pfeffer

Zubereitung:
Macadamianüsse im Mixtopf 3 Sek. / Stufe 6 zerkleinern und
umfüllen. (1 EL beiseitelegen)

Peperoni und Koriandergrün waschen, Peperoni entkernen und
Koriandergrün trocken schütteln.

Peperoni, Knoblauchzehe und Koriandergrün im Mixtopf 3 Sek. /
Stufe 8 zerkleinern.

Macadamianüsse und die restlichen Zutaten in den Mixtopf zufügen
und 10 Sek. / Stufe 3 verrühren.

In eine Schüssel füllen und mit den restlichen Macadamianüssen
bestreut servieren.

Tomaten-Thymian-Dip

Pro Portion ca.: 289 kcal, 8 g Kohlenhydrate

Zutaten für ca. 4 Portionen:
40 g Pinienkerne
2 Zweige Thymian
4 Stiele Minze
100 g getrocknete Tomaten (in Öl)
250 g Crème fraîche
1 Spritzer Zitronensaft
Salz, Pfeffer

Zubereitung:
Pinienkerne im Mixtopf 3 Sek. / Stufe 6 zerkleinern und umfüllen.

Thymian und Minze waschen, trocken schütteln, Blättchen von den Stielen zupfen. (1 EL Minze beiseitelegen) und zusammen im Mixtopf 2 Sek. / Stufe 10 zerkleinern.

Tomaten in den Mixtopf zufügen und 5 Sek. / Stufe 5 zerkleinern.

Pinienkerne und die restlichen Zutaten in den Mixtopf zufügen und 10 Sek. / Stufe 3 verrühren.

In eine Schüssel füllen und mit der restlichen Minze bestreut servieren.

Impressum & Disclaimer

Die Inhalte dieses Buches wurden mit größter Sorgfalt erstellt. Eine Haftung für Personen-, Sach- und Vermögensschäden ist ausgeschlossen. Für die Richtigkeit, Vollständigkeit und Aktualität der Inhalte können wir jedoch keine Gewähr übernehmen. Dieses Buch enthält Links zu externen Webseiten Dritter, auf deren Inhalte wir keinen Einfluss haben. Deshalb können wir für diese fremden Inhalte auch keine Gewähr übernehmen. Für die Inhalte der verlinkten Seiten ist stets der jeweilige Anbieter oder Betreiber der Seiten verantwortlich. Die verlinkten Seiten wurden zum Zeitpunkt der Verlinkung auf mögliche Rechtsverstöße überprüft. Rechtswidrige Inhalte waren zum Zeitpunkt der Verlinkung nicht erkennbar. Eine permanente inhaltliche Kontrolle der verlinkten Seiten ist jedoch ohne konkrete Anhaltspunkte einer Rechtsverletzung nicht zumutbar. Bei Bekanntwerden von Rechtsverletzungen werden wir derartige Links umgehend entfernen.

Urheberrecht/Leistungsschutzrecht:

Die veröffentlichten Inhalte, Werke und bereitgestellten Informationen unterliegen dem deutschen Urheberrecht und Leistungsschutzrecht. Jede Art der Vervielfältigung, Bearbeitung, Verbreitung, Einspeicherung und jede Art der Verwertung außerhalb der Grenzen des Urheberrechts bedarf der vorherigen schriftlichen Zustimmung des jeweiligen Rechteinhabers. Das unerlaubte Kopieren/Speichern der bereitgestellten Informationen auf diesen Seiten ist nicht gestattet und strafbar.